Louis Braille

L'enfant qui inventa les livres pour les aveugles

Margaret Davidson

Illustrations de Janet Compere

**Illustration de la couverture :
Mike Dooling**

Traduction de Marie-Renée Cornu

Scholastic Canada Ltd.,
123, Newkirk Road, Richmond Hill
(Ontario) Canada.

Données de catalogage avant publication (Canada)
Davidson, Margaret, 1936-
Louis Braille, l'enfant qui inventa les livres pour les aveugles

Traduction de : Louis Braille : the boy who invented books for the blind.

ISBN 0-590-71110-5

1. Braille, Louis, 1809-1852 - Ouvrages pour la jeunesse.
2. Aveugles - Impression et écriture, Systèmes d'ouvrages pour la jeunesse.
3. Enseignants aveugles - France - Biographies - Ouvrages pour la jeunesse. I. Compere, Janet. II. Titre.

HV1624.B62D3814   j686.2'82'092   C83-002707-6

ISBN 0-590-71110-5

Titre original : Louis Braille: the boy who invented books for the blind.

Édition publiée par Scholastic Canada Ltd., 123, Newkirk Rd., Richmond Hill (Ontario) Canada L4C 3G5

Table des matières

Louis Braille

L ouis était assis sur le perron de sa
maison. C'était une belle matinée de
printemps et, tout autour de lui, il se
passait une foule de choses. Des nuages
floconneux couraient dans un ciel d'azur.
Dans un arbre tout près, un oiseau
construisait son nid. Une vache paissait
dans le champ à côté. Un lapin faisait des
gambades ici et là et un insecte se déplaçait
peu à peu sur une feuille. Autour de Louis,
il se passait toutes sortes de choses mais il
ne pouvait en voir une seule, car ce petit
garçon de cinq ans était complètement
aveugle.

Il n'avait pas toujours été aveugle. Autrefois il voyait comme tout le monde. Pendant les trois premières années de sa vie, il avait pu voir les arbres et les champs, la rivière et le ciel. Il avait pu voir les rues et les immeubles de Coupvray, la petite ville en France où il était né. Il avait pu voir son père et sa mère, son frère et ses soeurs et la petite maison de pierre qu'ils habitaient. Mais un jour tout a changé.

Le père de Louis était bourrelier. «Le meilleur de France», aimait-il dire. À des kilomètres à la ronde les gens venaient demander à Simon Braille de faire des harnais et des selles pour leurs chevaux.

Louis aimait écouter ces hommes discuter, plaisanter et rire. Une fois qu'ils étaient partis, son père mettait son grand tablier de cuir et se mettait au travail. C'est ce que Louis aimait le plus. Il était trop petit pour aider son père mais il aimait le regarder travailler. Il n'avait alors que trois ans mais déjà il savait ce qu'il voulait faire plus tard : être bourrelier comme son papa.

À côté de l'établi de Simon Braille se trouvaient d'énormes rouleaux de cuir. Sur le mur étaient accrochés des outils en rangées bien nettes : des outils pour tordre et d'autres pour resserrer, des outils pour couper et d'autres pour faire des trous. Couteaux, maillets, poinçons, alènes. Louis connaissait le nom de chacun d'eux. Comme il aurait voulu les tenir dans ses mains — seulement une fois!

«Ils sont trop coupants, dit son père. Trop dangereux pour un petit garçon comme toi. Tu comprends, Louis?»

La voix de son père était si sévère que Louis en fut déconcerté. «Oui, papa», dit-il.

«Promets-moi de ne pas y toucher!»

«Je promets.»

Mais certaines promesses sont difficiles à tenir. C'était une chaude journée d'été; Louis traînait sans but devant la maison. Il n'avait rien à faire et s'ennuyait. Tout le monde était très occupé, trop occupé pour se soucier de lui.

Bien sûr, il pouvait jouer tout seul, mais il

n'en avait pas du tout envie. Pendant un instant il alla aider sa mère dans le jardin potager. Il croyait arracher les mauvaises herbes, mais il est bien difficile pour un petit garçon de reconnaître les mauvaises herbes.

«Oh, Louis! s'écria-t-elle. C'est la troisième carotte que tu arraches! Merci de ton aide, mon petit, mais ne voudrais-tu pas aider maintenant quelqu'un d'autre?»

Pourtant tous étaient très occupés. Louis était là, devant l'atelier de son père, et s'ennuyait de plus en plus. Il respira fortement cette délicieuse odeur de cuir et

jeta un coup d'oeil dans l'atelier encombré de mille choses. Dans un coin il vit l'établi de son père. Louis entra dans la pièce.

Il s'approcha de l'établi sur lequel était posé un beau morceau de cuir. À côté, il y avait une alène — long outil pointu qui sert à faire des trous. Louis savait que c'était interdit d'y toucher, mais... Il prit l'alène et se mit à percer le cuir.

Le cuir était glissant, l'alène aussi. Tout à coup l'alène dérapa, fut projetée en l'air et retomba droit dans l'oeil de Louis.

Ses hurlements firent accourir sa mère. Elle le prit dans ses bras et baigna son oeil. Le docteur arriva le plus vite possible mais l'oeil de Louis était gravement blessé, et s'infecta rapidement.

Louis ne cessait de frotter son oeil malade. Peu après, ce fut l'autre oeil qui s'infecta aussi. Il eut alors l'impression d'avoir un voile gris devant les yeux. Au début, il pouvait voir encore un peu, mais pas très nettement. Puis sa vue s'affaiblit de plus en plus. Un jour, Louis put à peine distinguer la lumière qui entrait par la fenêtre; le jour suivant, il ne pouvait même plus voir le soleil.

Louis était trop petit pour comprendre ce qui lui arrivait. «Quand est-ce que ce sera le matin?» répétait-il sans cesse. C'était une question que tous redoutaient car ils savaient bien la réponse : jamais. Louis était aveugle pour le reste de sa vie.

Le petit aveugle

À notre époque les enfants aveugles vont à l'école. Ils apprennent à lire et à écrire et peuvent faire à peu près tout ce que font les autres enfants. Quand ils sont grands, ils peuvent travailler et gagner leur vie.

Il n'en a pas toujours été ainsi. Quand Louis était petit, au début du 19e siècle, les jeunes aveugles n'allaient presque jamais à l'école. Ils n'apprenaient ni à lire ni à écrire ni à faire quoi que ce soit. Quand ils étaient grands, ce n'était guère mieux. Il y avait si peu de choses que les aveugles pouvaient faire. Certains tiraient des poids très lourds, comme des chevaux ou des boeufs. D'autres pelletaient du charbon dans les usines. Mais la plupart mendiaient pour vivre.

À cette époque-là, il y avait beaucoup de mendiants aveugles. Dans les villes, ils se tenaient au coin des rues. À la campagne, ils erraient le long des routes. Ils étaient habillés de haillons; ils dormaient dans des ruelles obscures ou sur les marches de pierre des églises. Parfois, à force de mendier, ils arrivaient à faire un repas convenable, mais souvent ils mangeaient des ordures, comme les chiens perdus, ou ne mangeaient rien du tout, espérant que le lendemain ça irait mieux.

La ville de Coupvray n'était pas très grande, mais elle aussi avait un mendiant aveugle. Un jour il était là et personne ne savait d'où il venait. Le lendemain il était parti et personne ne se souciait de lui.

Les parents de Louis ne voulaient absolument pas que leur fils mène une vie si misérable. Ils voulaient que Louis ait une vie confortable et agréable — aussi agréable que possible. Et ils faisaient tout ce qu'ils pouvaient dans ce but.

Au début, ce ne fut pas facile. Pauvre

Louis! Sa vie avait été complètement bouleversée. Il se cognait partout. Sans arrêt ses parents étaient sur le point de s'écrier «Attention! Arrête-toi!» Mais la plupart du temps ils ne le faisaient pas. Ils n'aimaient pas voir Louis se faire mal, mais il fallait qu'il apprenne à se débrouiller tout seul. Ils ne voulaient pas que, comme les autres petits aveugles, il ait peur de faire quoi que ce soit.

Il aurait été très facile de gâter Louis. Tout le monde avait pitié de lui. Mais son père et sa mère souhaitaient que, dans la mesure du possible, il soit comme les autres enfants. Alors, autant que possible, ils agissaient comme s'il n'était pas aveugle.

Louis ne voyait pas mais il avait quand même des tâches à accomplir. Simon Braille lui apprit à frotter le cuir avec de la cire et un chiffon. Louis ne pouvait voir le cuir reluire de plus en plus mais il pouvait sentir à quel point il devenait de plus en plus doux. Grâce à ses doigts, il savait que son travail était bien fait.

Simon lui apprit aussi à tresser des lanières de cuir. Celles-ci, de couleurs vives, étaient fixées aux harnais pour les décorer.

Louis aidait aussi sa mère dans la maison. Tous les soirs, c'est lui qui mettait la table pour le dîner; il savait exactement où mettre la tasse, l'assiette et le bol de chacun. Tous les matins, il allait chercher de l'eau potable au puits. Le seau était lourd et le sentier caillouteux. Des fois, Louis trébuchait et l'eau se renversait. Il savait qu'il serait inutile de se plaindre. Il devait alors revenir sur ses pas et à nouveau remplir son seau.

Simon Braille fit

pour son fils une canne à bout pointu, ce qui l'aida beaucoup. Louis apprit à balayer devant lui avec sa canne. Quand celle-ci touchait quelque chose, il savait qu'il devait s'arrêter et contourner l'obstacle.

Parfois, même sans sa canne, il devinait qu'il allait buter contre quelque chose : un mur, une porte, une clôture. Il le devinait en chantant une chanson. «Quand je chante, disait-il, je vois mieux mon chemin.»

Bien sûr, il ne voyait pas vraiment. Il faisait ce que font les chauves-souris. Celles-ci ne voient qu'à peine mais elles sont capables de voler dans les cavernes les plus obscures sans se cogner. Comment? Elles utilisent les sons. Tout en volant elles poussent de petits cris. Ce son les précède jusqu'au moment où il rencontre un obstacle, comme la paroi d'une caverne, qui le renvoie en un écho très faible. Quand la chauve-souris entend cet écho, elle sait qu'il est temps de changer de direction. Louis apprenait maintenant à réagir de la même façon.

Louis apprenait de plus en plus de choses et il avait plus confiance en lui. Bientôt les rues pavées de Coupvray résonnèrent du bruit familier de sa canne. Quelquefois il se perdait, mais cela arrivait de moins en moins souvent. Il apprenait à interpréter tous les indices.

Il savait qu'il était près de la boulangerie à cause de la chaleur du four et de la bonne odeur du pain. Louis reconnaissait toutes sortes de choses à leur forme et à leur texture. Mais c'étaient les sons qui lui étaient les plus utiles. Le *dong-dong-dong* de la cloche de l'église, l'aboiement du chien du voisin, un merle sifflant dans un arbre, le glouglou du ruisseau. Il savait ainsi où il se trouvait et ce qui se passait autour de lui.

Il aimait surtout s'asseoir sur le perron de sa maison et parler aux gens qui passaient sur la route. Il ne se trompait presque jamais. Comment pouvait-il reconnaître tant de personnes? lui demandait-on souvent. «C'est si facile», répondait-il toujours. Après tout, une charrette à deux roues ne fait pas le même bruit qu'un fourgon à quatre roues; le trot rapide d'un attelage de chevaux ne ressemble pas au lent martèlement de deux boeufs sous le harnais.

Les gens aussi émettaient des sons différents. Un homme avait une toux grasse, un autre sifflotait entre ses dents, un troisième boitait. Louis avait envie de dire : «Ne voyez-vous pas? Il y a tellement de façons de distinguer les gens les uns des autres — quand on sait écouter.»

Un grand ami

Mais il lui arrivait parfois d'écouter les gens et de ne pas aimer ce qu'il entendait. Quelquefois on disait de lui : «Voilà le pauvre Louis qui passe. C'est bien triste!»

Louis détestait entendre cela. Il n'avait pas du tout l'impression d'être «le pauvre Louis.» Il savait pourtant qu'il n'était pas comme les autres. À mesure qu'il grandissait, cela lui était de plus en plus difficile à supporter.

Il y avait tant de choses qu'il ne pouvait faire. Il ne pouvait jouer au chat perché ni à cache-cache. Il ne pouvait courir jusque chez ses amis ni, avec les autres garçons, se faufiler dans les bois jusqu'à leur repaire secret.

Tout le monde aimait Louis. Mais ce n'était pas comme s'il avait un vrai ami ou faisait partie d'une bande de copains. Louis avait toujours aimé rire et parler. Maintenant, très souvent, il s'asseyait et ne disait plus un mot. «À quoi penses-tu?» lui demandaient sans cesse ses parents. Et Louis répondait : «À rien.» Quand Louis eut six ans, un nouveau prêtre vint s'installer à Coupvray. C'était le Père Jacques Palluy dont la présence allait transformer complètement la vie de Louis.

Le Père Palluy voulait rencontrer tous ses paroissiens aussitôt que possible et il alla de maison en maison pour rendre visite à tout le monde. Il fit ainsi la connaissance des Braille. En regardant le visage éveillé de Louis, il se dit : «Quel dommage qu'un petit garçon si intelligent ne puisse aller à l'école!»

Le Père Palluy eut alors une idée. Est-ce que Louis voudrait venir au presbytère trois ou quatre matinées par semaine pour avoir des leçons particulières? Est-ce qu'il

le voulait? Louis était tellement heureux qu'il oublia presque de dire oui!

Depuis ce jour-là, Louis avec sa canne se rendit au presbytère à côté de l'église tout en haut de la colline. Quand il faisait beau, maître et élève s'asseyaient dans le jardin; les autres jours, ils restaient à l'intérieur.

Le Père Palluy lui enseigna l'histoire, les sciences et l'astronomie mais la plupart du temps il lui racontait des histoires tirées de la Bible — des histoires d'hommes très bons, d'hommes très mauvais, d'hommes courageux et d'hommes qui faisaient des bêtises. Louis, toute sa vie, se rappela ces histoires.

Louis aimait beaucoup apprendre. Mais le prêtre était très occupé et quelquefois n'avait pas le temps de lui donner ses leçons. En plus, ce n'était pas un professeur qualifié. Louis lui posait des questions auxquelles il lui était de plus en plus difficile de répondre.

Le Père Palluy eut une idée. Il alla voir Antoine Becheret, le nouvel instituteur de Coupvray. Est-ce que Louis pourrait aller à son école?

M. Becheret n'avait jamais eu d'enfant aveugle dans sa classe. D'abord il ne savait que dire. Comment est-ce qu'un petit aveugle pourrait utiliser des livres? Cela pourrait lui faire plus de mal que de bien;

en plus, c'était certainement contre les règlements.

«Mais il est si désireux d'apprendre», dit le prêtre.

«C'est sans doute vrai, répondit le maître. Mais est-ce juste de lui donner la place d'un enfant qui, lui, peut voir?» L'école était toute petite; il n'y avait en fait qu'une seule salle.

Le prêtre dit en soupirant : «Vous avez peut-être raison.» Et il se dirigea vers la porte. L'instituteur hésitait vraiment à prendre Louis, mais c'était un homme très bon. «Attendez, dit-il. Ne partez pas avec un air si triste. Je connais votre petit aveugle. Il est si petit que je lui trouverai bien une toute petite place.»

Après cela, un voisin vint chercher Louis six jours par semaine. Main dans la main, ils allaient jusqu'à la petite école. L'école à cette époque-là ne ressemblait pas à la nôtre. Les garçons étaient d'un côté et les filles de l'autre. Les classes commençaient à huit heures du matin et se terminaient à cinq heures de l'après-midi — avec un court arrêt pour le déjeuner. La journée était très longue. Les autres élèves s'impatientaient parfois mais Louis faisait de son mieux pour rester immobile et attentif. Il le fallait : comme il ne pouvait pas lire, il devait écouter de toutes ses forces. C'était la seule façon pour lui de s'instruire.

Louis avait toujours eu une bonne mémoire. Maintenant elle s'améliorait encore, car il passait ses journées à écouter attentivement. Il se rappelait presque toujours tout ce que le maître avait dit, même des mois après.

Dans sa tête, Louis pouvait faire des problèmes de calcul presque aussi vite que les autres qui avaient du papier et un crayon. Mais quand l'instituteur disait : «Maintenant, prenez votre livre», Louis avait le coeur gros, car il n'avait alors rien à faire.

Parfois Louis prenait un livre et passait ses doigts sur les pages. Il savait que sur ces pages lisses étaient imprimés des mots. Mais pas pour lui! Toutes les merveilleuses choses du monde étaient là, dans les livres. Et lui, probablement, ne pourrait jamais les apprendre!

Il y avait tellement de questions qu'il souhaitait poser, tellement de choses qu'il souhaitait savoir. Bien sûr, tout le monde l'aimait et était très gentil avec lui, mais ils étaient souvent trop occupés pour lui répondre. «Attends», lui disaient-ils. Louis était fatigué d'entendre ce mot. Si seulement il pouvait lire et trouver seul les réponses à ses questions.

Il devait y avoir un moyen!

Le Père Palluy se faisait du souci pour Louis qui avait maintenant dix ans. Bientôt il serait trop âgé pour aller à l'école du village. S'il devait continuer ses études, il lui faudrait aller à une école spéciale, une école pour aveugles. Une telle école existait-elle?

Le Père Palluy se renseigna et apprit qu'il en existait une à Paris, appelée l'Institution royale des jeunes aveugles. Fallait-il y envoyer Louis? Plus il y pensait, plus il était sûr que oui.

Cette école enseignait tous les sujets : arithmétique, grammaire, géographie, histoire, musique. Les jeunes aveugles apprenaient aussi un métier qu'ils pouvaient exercer sans voir, de façon à gagner leur vie plus tard. Mais surtout cette école apprenait aux petits aveugles à *lire*! Le Père Palluy ne savait pas exactement comment, mais il savait que les enfants lisaient avec leurs doigts.

Le Père Palluy était ravi, mais il n'en parla pas tout de suite aux Braille. Il ne voulait pas leur donner un trop grand espoir. Il voulait d'abord être sûr que l'école accepterait de prendre Louis.

Mais il n'était qu'un pauvre prêtre de campagne. S'il écrivait au directeur, est-ce que celui-ci lirait sa lettre avec attention? Il eut une idée : il alla voir le Marquis d'Orvilliers, l'homme le plus riche et le plus influent de la ville. Le Marquis pourrait-il écrire au directeur et lui expliquer que Louis était très intelligent et très désireux

d'apprendre? Le Marquis accepta de le faire
et reçut rapidement une réponse.

Le Père Palluy faillit sauter de joie! La
réponse était oui! L'Institution voulait bien
prendre Louis.

Il était alors temps d'apporter la bonne
nouvelle aux parents Braille. Le visage de
Louis s'illumina de joie. Il allait pouvoir
apprendre à lire! Bientôt il pourrait, tout
seul, tout apprendre!

Son père et sa mère ne réagirent pas de la
même façon. «Il est heureux ici avec nous»,
dit lentement Mme Braille et Simon Braille
acquiesça.

«Je sais, dit le prêtre, mais Louis grandit.
Chaque année, il devient plus différent des

autres enfants. En plus, il désire tellement s'instruire.»

Les parents Braille savaient que tout ceci était vrai, mais ils se faisaient quand même du souci pour leur fils. Ils voulaient faire de leur mieux pour trouver la meilleure solution pour Louis. Mais ils avaient aussi un peu peur; Paris était à cinquante kilomètres de Coupvray. Louis devrait rester là-bas pendant des mois; il ne pourrait revenir que pendant les vacances d'été. Leur fils venait d'avoir dix ans et il était aveugle. Pourrait-il se débrouiller dans cette grande ville sans leur aide?

Louis était certain que oui. Il ne pensait qu'à tous ces livres, tous ces livres qu'il pourrait lire tout seul. Il traversa la pièce d'un pas hésitant. «Papa, supplia-t-il, s'il te plaît, laisse-moi partir.»

Le nouveau

Simon Braille ne dit ni oui ni non. D'abord il écrivit à l'Institution, car il avait mille questions à poser. La réponse dut le rassurer, car finalement il dit oui. C'est ainsi que par une froide journée de février 1819, Louis monta dans une diligence qui l'emmena vers son école.

Mais l'école, tout d'abord, ne fut pas du tout telle que Louis l'avait imaginée.

Le premier jour fut presque un cauchemar : trop de monde et trop de bruit. Presque cent aveugles allaient à l'Institution. On les lui présenta tous. Il essaya de se rappeler le nom de chacun mais ils étaient trop nombreux et tout se mélangeait dans sa tête. Jamais Louis n'avait été avec tant de garçons et jamais il ne s'était senti si seul.

Enfin cette longue journée prit fin. Louis

se coucha dans son petit lit bien étroit au milieu d'une longue rangée d'autres lits. Il était fatigué mais ne put s'endormir. Il avait une impression étrange, comme s'il avait avalé quelque chose de froid et de dur.

Le jeune Louis n'avait jamais quitté ses parents et il ne savait pas qu'il avait le mal du pays. Il savait pourtant qu'il était malheureux. Il mit sa tête sous son oreiller et se mit à pleurer.

«Ne pleure pas... lui dit une voix du lit voisin. Voilà.» Louis trouva un mouchoir dans sa main.

«Tiens, mouche-toi, dit la voix amicale. Ça y est? Tu te sens mieux?»

La voix était toute proche maintenant et Louis sentit son lit s'enfoncer : quelqu'un s'y était assis. «Je m'appelle Gabriel, Gabriel Gautier. Et toi?»

«Louis... Louis Braille», répondit-il entre deux sanglots.

«Écoute, Louis, dit Gabriel. Tu as le cafard. Tout le monde est cafardeux le premier jour. Moi aussi, quand je suis arrivé.»

«Toi... toi aussi?»

«Oui, mais ça passe. Dors maintenant, demain tout ira mieux. Prends patience.»

«Bonne nuit», dit Gabriel doucement, de retour dans son lit.

«Bonne nuit.» Louis se glissa sous ses couvertures. Il eut même un petit sourire, car tout allait déjà mieux. Gabriel était son premier ami.

Louis eut vraiment besoin d'un ami pendant les semaines suivantes. Il devait s'habituer à tellement de choses complètement nouvelles. Il venait de la campagne et avait vécu au grand air et au soleil. Ici, en ville, tout lui semblait sale et si encombré. En été, presque tous les jours, il allait se baigner dans le ruisseau à côté de chez lui. En hiver, il y avait toujours une grande bassine d'eau chaude sur le feu. Mais à l'Institution, il n'y avait qu'une salle de bains pour tous les garçons qui ne pouvaient prendre qu'un bain par mois!

Et les vieux bâtiments de l'école étaient si grands. Il y avait des couloirs dans tous les sens et des escaliers partout. Louis avait passé toute sa vie dans une maison de deux pièces et ici il ne cessait de se perdre. Est-ce qu'il arriverait jamais à se retrouver dans cette grande baraque?

Mais c'était surtout l'humidité qui le gênait. L'école était tout à côté d'un fleuve, la Seine, et à l'intérieur l'air était toujours froid et humide. Quand Louis était arrivé, il avait de bonnes joues roses. Rapidement, il fut aussi pâle que les autres enfants.

Beaucoup avaient une toux persistante qui ne disparaissait pas. Le médecin qui venait les voir disait que cette humidité était très mauvaise pour les poumons.

Au début, Louis ne pensa qu'à ses parents et à sa maison. Cependant, peu à peu, tout alla mieux. Louis s'habitua à son école et à la vie en ville. Il sut se retrouver dans ces grands bâtiments et commença à se faire beaucoup d'amis. Très rapidement il fut si occupé qu'il n'eut plus le temps d'être triste ou cafardeux. Du matin au soir il avait des classes.

Louis aimait toutes ses classes : grammaire, géographie, arithmétique, musique. Âgé alors de dix ans, il était le plus jeune de l'école. Mais, dès le début, il fut souvent le premier de sa classe. «Cet enfant est vraiment très doué, écrivit un professeur. Je n'ai presque jamais besoin de lui dire deux fois la même chose.»

Tous les après-midis, les garçons se dirigeaient avec leur canne le long des couloirs jusqu'aux différents ateliers. Ils tricotaient des bonnets et des mitaines; ils faisaient des pantoufles de cuir ou de paille; ils tressaient de longs fouets de cuir pour le bétail. Pendant des années Louis avait aidé son père à l'atelier; cela avait été un excellent entraînement. Dès ses débuts à l'école, il sut utiliser ses mains et, à la fin de la première année, il reçut un prix spécial pour la façon dont il tricotait et confectionnait des pantoufles.

Mais ce qu'il aimait surtout, c'était la classe de musique en fin d'après-midi. Tous les élèves apprenaient à jouer d'un instrument. Louis apprit à en jouer de plusieurs mais, dès le début, il montra des dispositions spéciales pour le piano. Comme il aimait presser les touches et écouter tous les sons! La musique allait être une des grandes joies de sa vie.

Puisque les jeunes aveugles ne pouvaient se promener seuls dans les rues encombrées de Paris, ils devaient passer la plupart du temps à l'intérieur de l'école. Tous les jeudis, cependant, ils sortaient. Il n'était pas facile de sortir dans Paris tant de jeunes aveugles mais l'école trouva un moyen pratique de le faire : les uns derrière les autres, les enfants tenaient une longue corde. Quand le professeur qui tenait le bout de la corde se mettait à marcher, tous le suivaient. Et la corde avançait et se tortillait comme un long serpent, un serpent à mille pattes!

Les enfants savaient que, sans doute, ils offraient un spectacle curieux. Mais ils s'appelaient en riant «le club des encordés» et continuaient leur chemin, la tête haute.

Tout d'abord les rues bruyantes et encombrées de Paris effrayèrent Louis.

Quelles étaient différentes des petites routes tranquilles qu'il connaissait chez lui! Le carillon des cloches, la sirène des bateaux, le roulement incessant des voitures et charrettes sur le pavé des rues... quel bruit assourdissant!

Et les gens! Il y en avait tant qui passaient, se dépêchaient et se bousculaient. Pourquoi étaient-ils tous si pressés? se demandait Louis. Chez lui, personne ne courait de cette façon.

Bientôt Louis put distinguer et identifier les bruits de la ville. Il apprit à reconnaître les cloches des différentes églises, et la sirène particulière de chaque bateau qui passait sur le fleuve. Ce bruit-là, c'était un soldat qui faisait claquer ses bottes sur le pavé; celui-ci, une dame qui faisait froufrouter sa longue jupe de soie. À l'oreille, Louis savait déjà reconnaître les oiseaux de la campagne; maintenant il identifia le bruissement des pigeons qui volaient et le crissement de leurs pattes sur la chaussée.

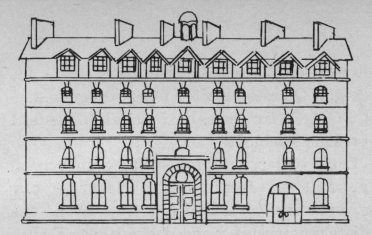

«Ce n'est que du bluff!»

Et les mois passèrent, très occupés. Louis était de plus en plus heureux. Une seule chose n'allait pas — et c'était la plus importante de toutes.

Louis apprenait à lire mais cela ne ressemblait pas du tout à ce dont il avait rêvé. En 1820, les aveugles ne pouvaient lire que grâce à un procédé appelé *impression en relief*. Sur la page, chaque lettre était imprimée en relief de façon à ce que les doigts puissent les identifier. Cela semblait facile à première vue, mais ce n'était pas facile du tout.

Au toucher, certaines lettres étaient faciles

à reconnaître, mais les autres... Sous les doigts, *Q* ressemblait à *O*; *O* ressemblait à *C*; *I* était finalement *T*; *R* et *B* étaient presque semblables.

Louis voulait absolument lire. Sans arrêt il passait ses doigts sur les lettres pour apprendre à les identifier et à les différencier les unes des autres. Enfin, lettre après lettre, il se mit à former des mots.

Mais c'était si lent! Louis était l'un des plus brillants garçons de sa classe. Cependant, même lui oubliait parfois le début de la phrase avant d'en déchiffrer la fin. Alors il fallait tout recommencer depuis le début.

Lire un livre de cette façon prendrait des mois. «Ce n'est pas vraiment lire, dit un jour Louis en pleurant. Ce n'est que du bluff!»

«Malheureusement, c'est tout ce que nous pouvons faire, répondit un professeur. Nous cherchons depuis des années à améliorer cette méthode.»

Louis savait que c'était vrai. Il savait qu'on

avait tout essayé : des lettres en relief, des lettres en creux, des lettres en pierre, des lettres en ficelle, en cire et en bois. Quelqu'un avait même fait un alphabet avec des épingles. Louis essaya de s'imaginer promenant ses doigts sur une page couverte d'épingles. Aïe!

Il apprit que toute la bibliothèque de l'école n'avait que quatorze livres! Seulement quatorze! Et pour cause : cela coûtait très cher d'imprimer les livres en relief. Chacun devait être fait à la main. Ils étaient volumineux et difficiles à manier. Chaque lettre devait avoir au moins sept centimètres de haut — sinon il serait impossible de les identifier au toucher. Ainsi chaque page ne pouvait-elle contenir que quelques mots.

Louis savait maintenant qu'il n'existerait jamais que très peu de livres pour les aveugles — tout au moins de ces livres en relief. Il devait y avoir un autre moyen! Il le fallait. Bientôt cette idée l'obséda et ses amis commencèrent à être fatigués de ne l'entendre parler que de cela.

«Assez, Louis!» lui disaient-ils.

«Mais c'est tellement important! Louis essayait-il d'expliquer. Vous ne comprenez pas? Sans livres nous ne pourrons vraiment jamais nous instruire. Nous pourrions faire n'importe quoi si nous pouvions lire vraiment, être médecin, avocat, savant. Ou même écrivain. Presque *n'importe quoi*.»

«D'accord, rétorqua l'un des garçons. Nous voulons lire, nous aussi. Si tu es si malin, invente quelque chose.»

«Je ne peux pas, gémit Louis. Je suis aveugle!»

Puis un jour de printemps en 1821, le capitaine Charles Barbier vint à l'Institution. Il avait découvert un moyen ingénieux qui permettait à ses soldats de communiquer entre eux la nuit. Il pensait que peut-être les aveugles pourraient s'en servir.

Il s'agissait cette fois-ci de points en relief. Chaque mot était divisé en sons; chaque son était représenté par une série de points en relief. Un outil long et pointu servait à faire ces points dans des feuilles de papier très épais. En retournant la feuille, on pouvait sentir les points qui avaient été poinçonnés de l'autre côté.

Des points! D'abord les jeunes aveugles furent très enthousiastes. Les points offraient de tels avantages! Ils étaient tout petits — le bout du doigt pouvait en toucher plusieurs à la fois. Et ils étaient si faciles à identifier!

Mais bientôt ils se rendirent compte que l'écriture du capitaine Barbier était, elle aussi, très limitée : impossible d'indiquer les majuscules ou les chiffres; impossible de représenter les virgules, les points virgules ou les points d'exclamation. Cela prenait trop de place et, surtout, c'était très difficile à apprendre et à reconnaître au toucher.

Cette méthode était très utile aux soldats pour envoyer de courts messages tels que : «en avant» ou «l'ennemi est derrière.» Mais elle était inutilisable pour écrire ou lire des textes plus longs. Ce n'était pas encore la méthode qui permettrait aux aveugles de lire.

Encore un échec. Mais est-ce qu'en soi les points en relief étaient un échec? Louis ne le pensait pas. À mesure que les jours passaient, Louis y pensait de plus en plus. Il finit même par en rêver la nuit.

Un jour il prit une grande décision : il allait, lui-même, trouver un moyen qui permettrait vraiment aux aveugles de lire et d'écrire avec des points; et ce serait une méthode rapide et facile. Du moins, il allait s'y mettre avec toutes ses forces et toute son intelligence.

Louis se mit immédiatement au travail. Maintenant on ne le voyait presque jamais sans ses outils. Partout il emmenait avec lui des feuilles de papier épais, une planchette pour les étaler et son poinçon — cet outil long et pointu qui servait à poinçonner. Celui-ci ressemblait beaucoup à une alène, l'instrument qui l'avait blessé et rendu aveugle.

Le capitaine Barbier apprit bientôt que

quelqu'un essayait d'améliorer sa méthode.
Vite il se rendit à l'Institution.

Louis était enchanté à l'idée de rencontrer
le capitaine Barbier, le premier à utiliser
des points saillants. Est-ce que son idée
plairait au capitaine? Louis espérait que
oui.

Hélas, tout alla de travers depuis le début
de l'entretien. Lorsque Louis avec sa canne
entra dans la pièce, le capitaine Barbier
leva les sourcils d'étonnement. Il s'attendait
à voir un homme et non un garçon de douze
ans! Louis ne pouvait voir le visage du
capitaine Barbier, mais il pouvait percevoir
la froideur de sa voix.

«J'apprends que, selon vous, vous avez amélioré ma méthode», dit le capitaine.

«Oui... oui, monsieur», répondit Louis.

«Alors?»

«Monsieur... » dit Louis très troublé.

«Alors, expliquez-vous!»

Louis essaya mais plus il parlait, plus il se rendait compte que le capitaine Barbier ne l'écoutait pas vraiment.

Mais Louis continua quand même.

«Monsieur... il y a une chose qu'il faut d'abord résoudre. Il faut trouver le moyen... le moyen d'épeler les mots toujours de la même façon.»

«Pourquoi?» demanda le capitaine, avec une extrême froideur.

«Pour avoir... des livres, beaucoup de livres.»

«Pourquoi?» répéta le capitaine. Celui-ci était comme beaucoup de gens de son époque. Il avait, bien sûr, pitié des aveugles; il ne leur aurait jamais fait de mal, mais il pensait qu'ils n'étaient pas aussi intelligents que les autres, que ceux qui pouvaient voir.

Il pensait que les aveugles devaient se contenter de choses simples, par exemple lire de courts· messages, des signaux indicatifs. «Mais sûrement, ils n'avaient pas besoin de beaucoup de livres», pensait-il.

«C'est tout?» dit le capitaine. ·

«Oui», répondit Louis dans un murmure.

«Très intéressant, dit le capitaine Barbier d'un ton sec. J'y réfléchirai.» Louis savait bien qu'il ne le ferait pas. Le capitaine Barbier était un homme fier, trop fier, habitué à donner des ordres et à être obéi. Il aurait peut-être accepté ces idées si elles avaient été suggérées par un adulte. Mais par un enfant ou presque? Non, cela ne lui plaisait pas, pas du tout!

Le capitaine Barbier prononça encore quelques mots sévères et partit en faisant claquer la porte.

Louis soupira. Il savait que le capitaine ne l'aiderait pas. Il lui faudrait travailler tout seul.

L'alphabet de points saillants

Louis essaya de ne pas perdre une seule minute. Même pendant les vacances chez lui, il s'acharnait sur ses points. Souvent sa mère lui donnait pour son déjeuner du pain, du fromage et des fruits qu'il allait manger sur une colline ensoleillée. Parfois il restait assis sur le bord de la route avec sa planchette et ses papiers. «Voilà Louis en train de faire des trous d'épingles!» disaient ses voisins avec un sourire avant de s'éloigner. Que faisait-il? Était-ce un nouveau jeu qu'il avait inventé pour ne pas s'ennuyer? Louis ne disait rien et continuait à poinçonner des groupes de points.

À Coupvray il avait beaucoup de temps à

consacrer à ses expériences, mais à l'école ce n'était pas si facile. Il y avait tant de choses à faire : aller en classe, travailler deux ou trois heures tous les jours dans l'atelier, faire ses exercices de musique et ses devoirs, prendre ses repas avec les autres — sinon quelqu'un viendrait le chercher.

Malgré tout, Louis trouvait le temps de travailler à sa méthode. Il y travaillait avant le petit déjeuner et entre les classes. Il y travaillait après le souper et tard dans la nuit. C'était le meilleur moment. Les autres dormaient, tout était silencieux. Heure après heure, Louis restait penché sur sa planchette, essayant divers groupes de points.

Parfois, il était si fatigué qu'il s'endormait sur sa chaise. Parfois, il était si absorbé qu'il oubliait l'heure et travaillait jusqu'à l'aube, quand les voitures des laitiers passaient en cahotant sous sa fenêtre. Alors il levait la tête, surpris. De nouveau, il avait travaillé toute la nuit! Il se glissait alors dans son lit, avant de se lever en bâillant une heure ou deux plus tard pour le petit déjeuner et la première classe.

Ses amis se faisaient de plus en plus de souci pour lui.

«Tu ne dors jamais!»

«La plupart du temps, tu oublies de manger!»

«Et pour quoi? dit sèchement un troisième garçon. Un mirage, un rêve!»

«Sans doute avez-vous raison», répondait toujours Louis avec douceur. Et il continuait à travailler avec acharnement.

Trois années passèrent — trois années de dur travail et de recherches qui n'aboutissaient guère. Parfois Louis était si fatigué qu'il pouvait à peine lever la main et parfois il se sentait très, très découragé.

Louis avait simplifié et simplifié les groupes de points du capitaine Barbier, mais pas encore assez. Lire de cette façon était toujours trop compliqué.

Ses amis avaient-ils raison? Était-ce vraiment un rêve? Pendant des centaines d'années des hommes s'étaient attachés à trouver une solution — des hommes intelligents, des hommes importants, des hommes plus âgés. Et ils avaient *tous* échoué. Et lui, pour qui se prenait-il? Pouvait-il seulement penser qu'il ferait mieux qu'eux? «Parfois je crois que je me tuerai si je ne réussis pas», dit-il à Gabriel.

Un jour, Louis eut une nouvelle idée. Elle semblait si simple — une fois qu'il l'avait eue. La méthode du capitaine Barbier était basée sur des sons et il existe beaucoup de sons en français. Pour écrire un mot très simple, il fallait parfois des centaines de points. C'était beaucoup trop pour permettre une lecture rapide. Et s'il utilisait les points d'une façon différente? Et si les groupes de points ne représentaient pas des sons? S'ils représentaient les lettres de l'alphabet? Après tout, il n'y en a que vingt-six!

Cette idée enthousiasma Louis. C'était certainement dans ce sens qu'il fallait chercher. Il se mit au travail avec ardeur et tout commença à prendre forme.

Il prit un crayon et fit six points sur un

morceau de papier épais. Il appela *cellule* ce
groupe de six points. Les voilà :

o   o

o   o

o   o

Puis il numérota chaque point :

1 o   o 4

2 o   o 5

3 o   o 6

Ensuite il prit son poinçon et poinçonna le
point numéro 1; ce serait le *A* :

●   o

o   o

o   o

Il poinçonna les points 1 et 2; ce serait le *B* :

●   o

●   o

o   o

Les points saillants 1 et 4 formeraient le *C* :

●   ●

o   o

o   o

Il fit ainsi lettre après lettre et, quand il eut tout fini, son alphabet ressemblait à ceci :

A B C D E F G H I J K L M
N O P Q R S T U V W X Y Z

Louis passa les doigts sur son alphabet. C'était si simple! Si simple! Louis Braille, ce garçon de quinze ans, avait envie de crier, de pleurer ou de chanter de joie. Il n'avait fallu que six points pour faire toutes les lettres de l'alphabet, seulement six points groupés différemment. Pour ceux qui voyaient, cela ne ressemblait pas à grand-chose. Mais cet alphabet n'était pas fait pour être lu avec les yeux, mais avec les doigts. Rapidement. Facilement. Et cela marchait!

Non, non et encore non

L ouis était chez lui à Coupvray quand il termina son alphabet. Il n'avait qu'une hâte : regagner l'Institution et le montrer à ses amis. Qu'est-ce qu'ils diraient? Est-ce que cela leur plairait? Pourvu que oui!

Louis ne fut pas déçu. Dès qu'ils l'eurent effleuré du bout des doigts, les garçons furent enthousiasmés.

«C'est si simple!»

«Si facile à déchiffrer!»

«Et si petit — juste à la dimension de mes doigts!»

«On pourra écrire! On pourra s'envoyer des lettres!»

«Et tenir un journal!»

«On pourra prendre des notes en classe... »

«Et les relire plus tard!»

«Et les livres, dit doucement Louis, N'oubliez pas les livres. Bientôt, nous en aurons des quantités — seulement pour nous.»

Toute l'école fut bientôt au courant de cette découverte. Le directeur de l'Institution envoya chercher Louis.

«Louis, dit le Dr Pignier, qu'est-ce que c'est que cet alphabet dont on parle tant?»

«Monsieur, répondit Louis avec passion, si seulement vous vouliez lire quelque chose à haute voix, je vous ferais une démonstration.»

Le Dr Pignier prit un livre et se mit à lire lentement.

«Vous pouvez aller plus vite, monsieur», dit Louis. Et ses mains voltigeaient sur le papier — transformant les mots en points. Le directeur s'arrêta. Louis retourna le papier et effleura des doigts les points saillants. Puis facilement, rapidement et sans faire une seule faute, il lut tout le texte à haute voix.

«Extraordinaire, répétait le Dr Pignier. Extraordinaire ... Quel âge as-tu, mon garçon?»

«Quinze ans», répondit Louis.

«Quinze ans! Quand je pense que depuis des siècles on cherche à inventer un tel alphabet — et voilà que c'est un de mes élèves qui l'a fait. Quinze ans! Extraordinaire!»

Louis était tout rouge de joie et de fierté. C'était le moment de poser la question la plus importante : «Monsieur, quand pouvons-nous commencer à faire des livres?» Le Dr Pignier ne répondit pas tout de suite. Qu'est-ce qui n'allait pas? Finalement il dit : «Tu es bien jeune, Louis.»

Louis fronça les sourcils. Quelle drôle de réponse! Le Dr Pignier essaya d'expliquer la situation : l'école était une institution charitable; l'argent provenait soit du gouvernement, soit de riches amis. Mais il n'y avait pas d'argent pour faire des livres.

«Monsieur, dit Louis, ne pourriez-vous pas écrire à ces gens — ces gens qui ont beaucoup d'argent — et leur expliquer la situation? Ne pourriez-vous pas leur dire que cela ne coûterait pas très cher de faire des livres?»

«Je le ferai volontiers, dit le Dr Pignier. Mais Louis, ne sois pas trop optimiste. Parfois, il faut du temps, beaucoup de temps.»

Le Dr Pignier s'assit et se mit à écrire. Il écrivit à des gens riches. Il écrivit à des gens importants. Il écrivit à des gens qui avaient passé toute leur vie au service des aveugles. Les réponses arrivèrent, les unes après les autres.

Certaines étaient longues; d'autres très brèves; d'autres encore étaient très élégantes; mais toutes pouvaient se résumer en un seul mot : *non*.

Pour certaines personnes, c'était le changement qui leur déplaisait. «Pourquoi ne pas continuer comme avant? écrivaient-ils. Les vieilles méthodes ont donné satisfaction jusqu'à présent.»

Quelqu'un avait déjà donné de l'argent pour faire des livres à lettres en relief. «Maintenant vous me dites qu'ils ne sont plus bons, écrivit-il avec colère. Laissez-moi vous dire une chose : vous devrez vous en contenter car je ne vous donnerai pas un sou de plus!»

D'autres furent même jaloux. Quelqu'un qui tenait une école pour aveugles écrivit : «Vous devrez passer sur mon corps avant que cet alphabet soit utilisé dans mon école!» Il avait peur que l'alphabet de Louis ne soit remarquable, car lui aussi travaillait à un alphabet de son invention.

Beaucoup, beaucoup de gens ne dirent ni

oui ni non. «Cela paraît très intéressant, écrivit l'un d'eux. Je m'en occuperai aussitôt que possible.» Mais quand? La semaine suivante? Le mois suivant? Ou jamais? Ceux-là n'étaient pas hostiles à ce projet mais s'en désintéressaient totalement. Ils étaient trop occupés de leurs propres affaires pour se soucier des difficultés des aveugles.

Ainsi les années passèrent, sans guère de changement. Les aveugles de l'Institution continuaient à utiliser l'alphabet de Louis, mais ils n'étaient qu'une centaine. Et les millions et les millions d'aveugles à travers le monde qui attendaient des livres? Cette pensée obsédait Louis.

Il essayait de garder sa bonne humeur, mais ce n'était pas facile, car il se sentait parfois bien amer. Son alphabet était bon. La preuve en était faite. Mais le sort des aveugles n'intéressait personne — du moins pas assez.

Plus de trois années s'écoulèrent. Louis, à dix-neuf ans, obtint ses diplômes de l'Institution, mais il ne la quitta pas pour autant.

Le Dr Pignier, pendant des années, avait observé Louis. Il l'avait vu grandir et mûrir. Chaque année, Louis obtenait un prix : grammaire, histoire, géographie, arithmétique, piano et même pour ses travaux manuels. Le Dr Pignier savait que Louis était un chef né. Il adorait plaisanter et raconter des histoires. Et ce qui est aussi très important, il savait écouter en silence quand d'autres venaient lui exposer leurs difficultés.

Vraiment, pensa le Dr Pignier, il ne faut pas perdre Louis. Il lui demanda donc de rester à l'Institution et d'y enseigner.

Instituteur! Louis accepta avec joie. Il souhaitait surtout rester à Paris. C'est là que se trouvaient les gens qui pouvaient l'aider à diffuser son alphabet — si seulement ils le voulaient! En plus, Louis aimait beaucoup cette école et tous ses amis. C'était comme une deuxième maison pour lui.

Le Dr Pignier le prévint que son salaire ne serait pas très élevé : quinze francs par mois. Mais, en tant qu'instituteur, il pourrait sortir de l'Institution comme il le voudrait, sans avoir à demander la permission de le faire. Et, pour la première fois de sa vie, Louis eut sa propre chambre. Il lui fallut un certain temps pour s'habituer au silence!

Louis aimait son métier et était un professeur remarquable. Il faut dire qu'il passait beaucoup de temps à préparer ses cours. Tous les soirs, il s'asseyait à sa table de travail et réfléchissait à ce qu'il allait dire le lendemain. Puis, avec son poinçon, il mettait tout par écrit. De cette façon, jamais

il n'hésitait ni bafouillait ni oubliait ce qu'il devait dire. Dès le début de sa vie professionnelle, il inspira le respect de tous et, en tant qu'ami, il avait leur confiance.

À cette époque, les instituteurs n'étaient pas supposés être doux et patients et la plupart ne l'étaient pas. Ils criaient et hurlaient et ridiculisaient les élèves un peu lents. Les connaissances, pensaient-ils, étaient quelque chose qu'il fallait faire entrer de force dans la tête des enfants.

Louis savait que cette méthode n'était pas bonne. «Il était doux mais ferme», écrivit plus tard un de ses amis. Louis ne ridiculisa jamais ses élèves, même s'ils étaient très lents ou faisaient des bêtises. Il était particulièrement doux avec les plus jeunes. Cela faisait longtemps maintenant qu'il était à l'Institution, mais il n'avait jamais oublié ce qu'il avait ressenti à son arrivée, quand il était nouveau, timide et seul.

Sa nouvelle vie le passionnait. Comme d'habitude, il travaillait trop. Il avait plusieurs classes, toutes différentes. Il passait beaucoup de temps avec ses amis. Il prit toujours le temps d'aider ses élèves qui n'arrivaient pas à faire leurs devoirs, et d'écouter ceux qui voulaient lui parler de leurs soucis.

Tous les jours il faisait de la musique pendant plusieurs heures. Depuis son arrivée à l'Institution il fit du piano, puis de l'orgue. Il jouait admirablement bien. En 1833, il fut nommé organiste de Saint-Nicolas-des-champs, l'une des plus grandes églises de Paris. On commençait à dire qu'il serait célèbre un jour, si seulement il se consacrait entièrement à la musique.

Louis aimait beaucoup la musique. Elle faisait naître en lui tant d'émotions et tiendrait toujours une place privilégiée dans sa vie. Mais quelque chose d'autre lui tenait encore plus à coeur : l'alphabet de points saillants.

Louis cherchait maintenant un moyen de transcrire en points saillants les notes de musique, ainsi que les chiffres. En plus, il passait beaucoup de temps à faire des livres pour la bibliothèque de l'école. Certains de ses amis, qui n'étaient pas aveugles, l'aidaient parfois en lisant à haute voix.

C'était un travail lent et difficile. Heure après heure, nuit après nuit, Louis poinçonnait. Il ne s'arrêtait que lorsque son dos lui faisait très mal ou que ses doigts étaient tout raides et douloureux.

Il ne pouvait pas continuer ainsi. Il était très fatigué. Certains jours, à peine pouvait-il sortir de son lit et se mettre debout. D'abord il ne voulut pas tenir compte de sa fatigue : «Je n'ai besoin que d'une bonne nuit de sommeil pour me remettre», se répétait-il. En fait, souvent le lendemain il se sentait encore plus fatigué.

Parfois il ne pouvait même pas monter un escalier sans s'arrêter et reprendre son souffle. Sa voix était si faible que ses élèves devaient se pencher en avant pour l'entendre.

Un jour, sa tête était bouillante de fièvre; le lendemain c'était tout son corps qui frissonnait de froid. Le pire était sa toux, qui empirait de jour en jour.

Un matin il ne put se lever, tant il toussait. Le médecin vint le voir et secoua tristement la tête, sans dire un mot. Il ne voulait pas dire à haute voix la mauvaise nouvelle. «Vous savez ce que vous avez?» demanda-t-il enfin.

«Oui», murmura Louis, car il avait alors cessé de se faire des illusions. Il n'était pas médecin mais reconnaissait quand même les symptômes. D'autres personnes à l'Institution avaient eu la même maladie à cause de cet air si humide. Il avait la tuberculose — une maladie des poumons.

«Certains disent qu'il faut de l'air pur, dit le docteur, et beaucoup de repos.»

Mais Louis et le docteur savaient qu'il n'y avait pas de remède contre la tuberculose — pas à cette époque-là. Il y avait des hauts et des bas, mais on ne guérissait jamais.

Après le départ du médecin, Louis resta immobile pendant des heures, trop accablé pour réagir. Pourquoi cela lui arrivait-il? Il n'avait que vingt-six ans! Et son alphabet?

Il prit finalement une décision. Toute sa vie, il avait lutté et il n'allait pas accepter d'être si facilement vaincu par cette terrible maladie. Peut-être ne vivrait-il pas très âgé, mais au moins il aurait une vie bien remplie!

Période difficile

Louis observa les prescriptions du médecin. Chaque jour, il dormait beaucoup et mangeait tout ce qu'on lui donnait. Dès qu'il se sentit mieux, il fit de longues promenades. Peu à peu il reprit des forces, pas autant qu'avant mais il allait nettement mieux.

Un jour il se sentit assez fort pour recommencer à travailler. Le temps passait et sa vie lui plaisait : son travail, la musique, ses amis. La seule chose qui n'allait pas bien, c'était son alphabet : il restait toujours inconnu.

Heureusement que, dans ce domaine, il n'était pas complètement seul. Il était toujours très lié au directeur de l'Institution et celui-ci était toujours très désireux de l'aider.

Le Dr Pignier avait fait des économies et, un jour, il eut assez d'argent pour publier un petit livre sur l'alphabet de Louis. Tous deux passèrent des heures à l'écrire et à le perfectionner : il fallait toucher le lecteur. Enfin le livre fut terminé. Louis en était si fier! Il décida de l'intituler :

Nouveau procédé pour représenter par des points la forme même des lettres, les cartes de géographie, les figures de géométrie, les caractères de musique à l'usage des aveugles.

Quel titre long et impressionnant! Sûrement un tel livre retiendrait l'attention de tous!

Le Dr Pignier envoya des exemplaires à tous les gens influents. Mais les mois passaient et Louis ne recevait que des mots de remerciements, ou rien du tout.

Un jour Louis alla voir ses parents et se rendit à Coupvray dans une diligence. Il se rendit compte qu'une dame aveugle était assise à côté de lui. Pendant tout le trajet, il lui parla de l'alphabet. Il lui montra comment identifier les points saillants. La dame fut enthousiasmée. Les aveugles l'étaient toujours.

«Alors, apprenez à d'autres à s'en servir», dit Louis.

«Je le ferai», promit-elle. Mais le fit-elle? Louis ne le sut jamais.

Louis n'aimait pas parler à des inconnus mais, au cours des années suivantes, il le fit bien souvent. Il parla à tous ceux qui pouvaient l'aider. Si seulement ils voulaient l'aider! La nuit, quand il n'arrivait pas à s'endormir, ce qu'on lui avait dit lui revenait en mémoire :

«Vous êtes jeune, M. Braille... »

«Il faut du temps, M. Braille... »

«Vous devez comprendre, M. Braille... »

«Il faut être patient, M. Braille... »

Patient! Louis avait envie de hurler quand on lui disait cela. Justement, il n'avait pas *le temps* d'être patient. Il avait la trentaine;

il était encore jeune mais, depuis des années, il était tuberculeux. Chaque année, il se sentait plus faible. Combien de temps lui restait-il à vivre?

Puis vint le coup le plus dur. Au cours des années précédentes, Louis avait subi maintes déceptions, mais il était certain que son alphabet serait toujours utilisé à l'Institution. Après tout, le directeur était l'un de ses meilleurs amis. Mais en 1841 le Dr Pignier quitta l'Institution et le nouveau directeur, le Dr Dufau, était bien différent.

C'était un homme sévère et froid. Il ne voulait pas prendre de risque et n'aimait pas le changement. Naturellement l'alphabet de Louis lui déplut. «Ces points ridicules», dit-il plus d'une fois. Tout d'abord il laissa les élèves utiliser cet alphabet.

Puis, Louis retomba malade. Jour après jour, il garda le lit et toussait sans arrêt. L'hiver à Paris est froid et humide. Quand le médecin examina Louis, il fut catégorique : «Si vous restez ici, M. Braille, dans quelques semaines vous êtes mort.»

Il n'y avait qu'une chose à faire. Les amis de Louis firent ses bagages. De nouveau il repartit à Coupvray, pas en vacances, mais pour lutter contre la maladie.

«Je reviendrai bientôt», dit Louis aussi joyeusement qu'il le put. Ses amis pouvaient à peine retenir leurs larmes; ils étaient sûrs qu'ils ne le reverraient plus jamais.

Mais encore une fois Louis surprit tout le monde, car il alla mieux. Il fallut quand même six mois pour qu'il se sente assez fort pour revenir à Paris. Il avait tellement hâte de retrouver ses amis, ses élèves et de se remettre au travail.

Dès son retour, cependant, il sentit que quelque chose n'allait pas. Ses amis étaient trop silencieux. Ses élèves parlaient de tout sauf d'une chose.

«Qu'est-ce qui ne va pas?» demanda Louis.

On finit par le lui dire. Après son départ, le Dr Dufau avait pris de l'assurance. D'abord il déclara que les élèves ne pouvaient plus utiliser l'alphabet en classe ... puis nulle part à l'école. «Même pas dans

notre chambre», chuchota un élève.

Il restait une question à poser.

«Et mes livres?»

Tous savaient qu'il s'agissait des livres en points saillants auxquels avait travaillé Louis pendant des jours et des nuits pour enrichir la bibliothèque de l'école.

«Il les a brûlés.»

«Tous?»

«Tous.»

Louis inclina la tête. «Tous mes livres... disparus!» Il fit demi-tour et quitta la pièce.

Les jours suivants furent les plus difficiles de toute sa vie. Il enseignait, il mangeait, il dormait... mais c'était comme s'il vivait dans un rêve, un mauvais rêve.

Il était épuisé physiquement; il l'était aussi moralement maintenant. Il savait qu'il ne pouvait plus mener cette lutte perdue d'avance. Heureusement qu'il n'eut pas à le faire. Ce furent ses élèves qui prirent la relève. L'alphabet était interdit mais ils refusèrent de l'abandonner. Le Dr Dufau avait confisqué leurs instruments de travail — poinçons et papier mais ils trouvèrent des substituts, des aiguilles à coudre ou à tricoter et même des clous. Rien ne pouvait les empêcher d'utiliser l'alphabet de Louis.

Tard dans la nuit, les anciens l'apprenaient aux nouveaux en secret. Chacun tenait un journal qu'il cachait et tous se passaient des messages secrets. Les garçons savaient qu'il seraient punis s'ils étaient surpris : ils seraient renvoyés dans leur chambre sans manger; on les frapperait sur les doigts. Malgré tout, ils continuaient.

Bien des instituteurs, qui n'étaient pas aveugles, étaient d'accord avec le Dr Dufau. Eux non plus n'aimaient pas l'alphabet de Louis. D'autres étaient simplement paresseux. Ils pouvaient lire avec leurs yeux; pourquoi se donner la peine d'apprendre à lire autrement? Mais la plupart avaient peur. Si cet alphabet était adopté et si des quantités de livres étaient faits de cette façon, cette école et les autres n'emploieraient que des instituteurs aveugles. Et eux, où travailleraient-ils?

Un instituteur, heureusement, ne pensait pas de même. Le Dr Joseph Gaudet venait d'entrer à l'Institution. Il observa la bataille entre les élèves et le directeur. Il en vint à apprécier de plus en plus cet alphabet. «Vous pouvez interdire à vos élèves de l'utiliser, dit-il au Dr Dufau, mais, à mon avis, les aveugles du monde entier utiliseront un jour les points saillants de Braille.»

Le Dr Dufau l'écouta et réfléchit. Cette bataille continuelle avec les garçons commençait à l'épuiser — une bataille que, semblait-il, il ne pourrait gagner.

«Et si cet alphabet se répand, continua Gaudet, est-ce que vous ne voudriez pas être celui qui l'a défendu dès le début?»

Quelle bonne idée d'avoir dit cela! Le Dr Dufau était un homme ambitieux et il aimait être du côté des gagnants. En outre, il apprenait une dure leçon : il pouvait brûler les livres, il pouvait interdire d'utiliser cet alphabet, mais il ne pouvait empêcher ses élèves de réfléchir ni les forcer à oublier ce qu'ils voulaient se rappeler.

Alors le Dr Dufau changea d'idée complètement. À partir de maintenant, ordonna-t-il, tous pouvaient utiliser l'alphabet de Louis. Tous, n'importe où et n'importe quand.

Et ce n'était pas tout.

Démonstration de points saillants

Cette école était ancienne, sale et trop petite. Depuis des années, elle menaçait de s'effondrer. Il y eut enfin assez d'argent pour construire un nouveau bâtiment et, en 1844, l'Institution emménagea dans des locaux tout neufs.

Le Dr Dufau organisa avec soin la cérémonie d'ouverture. Beaucoup de gens importants furent invités : professeurs, savants et personnalités officielles. Il y aurait des discours bien sûr, mais la partie essentielle serait une démonstration, une démonstration des points saillants de Braille.

Louis était assis sur l'estrade avec les autres enseignants. Il se glissa jusqu'à son siège juste comme la cérémonie commençait. Il pouvait entendre les gens qui gagnaient leur place.

D'abord il y eut des discours. La plupart étaient longs et ennuyeux. L'auditoire se mit à chuchoter. «Que ces discours finissent!» pensa Louis.

Ce fut enfin son tour. D'abord Joseph Gaudet expliqua le principe de cet alphabet. L'auditoire continuait à remuer et à chuchoter. Puis le Dr Dufau conduisit une fillette aveugle sur le devant de l'estrade. Elle avait de grands yeux bruns et de longs cheveux bouclés. L'auditoire se tut. Cela valait bien tous les discours!

Le Dr Dufau ouvrit un livre et lut un passage. La petite fille à ses côtés le transcrivit en alphabet Braille. Quand il eut fini, il lui toucha l'épaule. Rapidement, elle effleura du bout des doigts la série de points saillants qu'elle venait de faire. Puis elle les lut à haute voix, sans une faute.

L'auditoire était très impressionné. Plusieurs personnes se mirent debout et

applaudirent. D'autres étaient encore
sceptiques. Cela leur paraissait incroyable.

«C'est une supercherie!» cria une voix
dans la salle.

«Oui! Elle l'a appris avant!»

Une supercherie? Les applaudissements se
firent rares. Avant qu'ils ne s'arrêtent
complètement, Louis bondit sur ses pieds. Il
se dirigea vers le Dr Dufau et lui murmura
à l'oreille. Celui-ci l'écouta attentivement,
puis il fit oui de la tête et se leva.

«Un instant, mes amis, un instant, dit-il
d'une voix très forte. Donnez-moi encore

quelques minutes et vous aurez la preuve que ce n'est pas une supercherie.»

Lentement l'auditoire redevint silencieux. Louis soupira de soulagement. Quelques instants de répit.

Rapidement le Dr Dufau appela deux enfants aveugles. L'un d'eux resta près de lui; l'autre fut conduit à l'extérieur de la salle.

«Et maintenant, dit le Dr Dufau en s'adressant à l'auditoire, est-ce que quelqu'un voudrait monter sur l'estrade? N'importe qui.» Un monsieur s'avança et le Dr Dufau lui tendit une pile de livres. «Prenez n'importe lequel, dit-il. Ouvrez-le au hasard et lisez un passage de votre choix.»

Le monsieur se mit à lire et l'enfant poinçonna son papier. Puis l'autre enfant fut reconduit dans la salle. Le Dr Dufau lui tendit la feuille couverte de points saillants. «Veux-tu lire ce qui y est écrit?» dit-il. L'enfant fit oui de la tête. Ses doigts parcoururent rapidement la page puis, clairement, il lut à haute voix sans faire une seule faute.

Cette fois-ci, il n'y avait aucun doute. Tout le monde se mit debout et applaudit frénétiquement.

Louis avait envie de crier de joie. Le premier pas était fait! Enfin.

Les dernières années

L a lutte s'achevait enfin. Juste à temps. Louis avait la tuberculose depuis tant d'années. Tantôt il allait presque bien, tantôt très mal. Et maintenant de nouveau il se sentait très faible. «J'irai mieux bientôt», se dit Louis. Il en avait toujours été ainsi. Pas cette fois-ci.

En 1844 Louis fit classe pour la dernière fois. Il n'avait que trente-cinq ans. Mais à partir de ce moment-là il dut rester au lit la plupart du temps. D'autres, plus vigoureux que lui, allaient se battre pour son alphabet.

Louis s'informait toujours de l'avenir de son alphabet. Pour la première fois les nouvelles étaient bonnes. L'institution recevait de plus en plus de lettres demandant des renseignements sur cet alphabet de points saillants. On commençait à l'appeler «l'alphabet Braille», ce qui faisait plaisir à Louis.

Dans d'autres écoles pour aveugles, certains professeurs se mirent à l'utiliser. En 1847 fut fabriquée la première presse à imprimer en Braille. Il était maintenant possible d'utiliser une machine pour faire des livres pour aveugles au lieu de les faire si lentement à la main.

Et les années passèrent. Louis devait maintenant mener une vie très tranquille. Quand il allait mieux, il donnait des leçons de piano aux jeunes aveugles. D'autres fois, il travaillait au lit, poinçonnant sans arrêt, et faisait ainsi des livres pour la bibliothèque de l'école. Il ne cessait de travailler et de penser à de meilleurs moyens d'utiliser l'alphabet.

La chambre de Louis était souvent remplie d'amis venus le voir. C'étaient alors des rires et des bavardages très gais. Louis

avait beau être faible et alité, il était
toujours celui que tous aimaient le plus à
l'école.

«Il aurait tout sacrifié pour l'un de nous,
écrivit plus tard l'un de ses amis, son temps,
sa santé, tout ce qu'il possédait.»

Louis ne parlait jamais de tout ce qu'il
avait donné aux autres. «Il ne voulait jamais
qu'on le remercie», dit un autre ami. Mais
dans le fond de son bureau il y avait une
petite boîte noire. Elle était pleine de petits
papiers. C'étaient des reconnaissances de
dettes : des gens promettaient ainsi de

rendre à Louis l'argent qu'il leur avait prêté. Dans son testament Louis écrivit : «Détruisez le contenu de cette boîte après ma mort.»

Par un jour froid et humide de décembre 1851, Louis prit froid. Ce n'était qu'un rhume mais il était déjà si faible qu'il ne put se rétablir. La fièvre monta et sa toux empira.

Tous ses amis vinrent le voir. Ils essayèrent de lui dire qu'il irait mieux. Il hocha la tête sans rien dire. Il savait — il avait été si souvent mourant. «Ce n'est pas la peine de me jouer la comédie», disait-il à voix basse.

Louis n'avait pas peur de la mort. Un prêtre vint prier avec lui et le préparer à mourir. Après cette visite, Louis dit : «J'ai éprouvé une très grande joie.» Mais Louis aimait aussi la vie. Il ajouta : «J'ai demandé à Dieu de me faire quitter ce monde, c'est vrai. Mais je ne l'ai pas demandé très fort.»

La vie de Louis touchait presque à sa fin. Le 6 janvier 1852, il plut toute la journée.

Le vent hurlait dans la cour de l'école. La tempête se déchaînait. Le tonnerre et les éclairs remplissaient le ciel. On aurait dit une bataille de géants. Louis se tourna vers la fenêtre et sourit; il avait toujours apprécié une bonne bataille. Puis il ferma les yeux pour toujours.

Louis Braille était mort. Ses nombreux amis étaient très tristes, car il leur manquait déjà. Mais il n'était pas encore un homme célèbre et aucun des nombreux journaux de Paris ne mentionna sa mort. Pourtant aujourd'hui son nom est connu dans le monde entier. C'était un simple instituteur qui n'avait jamais gagné beaucoup d'argent. Pourtant aujourd'hui les aveugles du monde entier révèrent son nom, car c'est lui qui leur avait fait le plus beau cadeau de tous les temps : l'alphabet Braille.

L'alphabet de Louis commençait à être connu. D'abord lentement, puis de plus en plus rapidement. Aucun enfant qui avait appris le Braille ne l'avait oublié. Ils contribuèrent à le faire connaître. De plus en plus de livres sortaient de la presse Braille. Et cet alphabet fut adapté à toutes les langues, même au chinois!

Six ans après sa mort, la première école pour aveugles aux États-Unis se mit à utiliser son alphabet. Trente ans plus tard, presque toutes les écoles pour aveugles en Europe l'avaient adopté.

En 1887, les habitants de Coupvray, où était né Louis, érigèrent en sa mémoire un monument au milieu de la place du village. Sur un côté de la stèle sont gravés son alphabet ainsi que les mots : «À Louis Braille, les aveugles reconnaissants.» De l'autre côté se trouve un bas-relief représentant Louis en train d'apprendre à un enfant aveugle à lire avec ses doigts. La statue est toujours là, en plein milieu de la place du village où le petit Louis avait joué. Aujourd'hui, avec fierté, les gens appellent cette place : «La Place Braille».

Le nom de Louis devint célèbre dans le monde entier. Des écoles et des revues prirent son nom. Il prit place dans les encyclopédies et il y eut des émissions spéciales de timbres représentant son visage. Dans bien des pays des statues et des monuments furent élevés en son honneur. Mais les «meilleurs monuments» sont les bibliothèques spéciales remplies de livres, des livres en Braille pour les aveugles.

Quand Louis mourut en 1852, pas un seul journal de Paris ne mentionna son décès. Mais en 1952, un siècle plus tard, partout les journaux parlèrent de lui. Son corps avait été enterré dans le petit cimetière de Coupvray. On le ramena à Paris où, désormais, il reposerait dans un monument appelé le Panthéon — là où, en France, sont enterrés les grands hommes. Au-dessus de la porte principale sont inscrits les mots :

À ses grands hommes
La Patrie reconnaissante

Maintenant la France et le monde honoraient la mémoire de Louis.

Il y eut un défilé solennel, accompagné d'une fanfare qui jouait une marche lente. À mesure que son cercueil passait à travers les rues de Paris, toutes les cloches des églises se mirent à sonner.

Derrière son cercueil marchait une multitude de personnes célèbres venues du monde entier. Le Président de la République française était là. Helen Keller aussi. Mais derrière ces célébrités venaient ceux qui étaient les plus chers au coeur de Louis : des centaines et des centaines d'aveugles qui marchaient avec leur canne blanche. Ils étaient là pour dire une fois de plus merci à Louis Braille — lui qui avait rempli de livres l'extrême solitude de leur vie d'aveugle.